L'ALGÉRIE

CE QU'ELLE FUT, CE QU'ELLE EST, CE QU'ELLE DOIT ÊTRE

PAR

POPULUS

AVEC UNE CARTE DE L'ALGÉRIE DIVISÉE EN SEPT DÉPARTEMENTS

VP

ALGER

ORLANDO, LIBRAIRE-ÉDITEUR

RUE BAB-AZOUN

—

1878

L'ALGÉRIE

CE QU'ELLE FUT, CE QU'ELLE EST, CE QU'ELLE DOIT ÊTRE

PAR

POPULUS

AVEC UNE CARTE DE L'ALGÉRIE DIVISÉE EN SEPT DÉPARTEMENTS

ALGER

ORLANDO, LIBRAIRE-ÉDITEUR

RUE BAB-AZOUN

1878

L'ALGÉRIE

CE QU'ELLE FUT, CE QU'ELLE EST
CE QU'ELLE DOIT ÊTRE

Avant la Conquête

Aussi loin que nous remontions dans l'histoire, nous voyons le Nord de l'Afrique (Tunisie, Algérie et Maroc) peuplé de tribus nomades, Maures à l'Ouest, Numides à l'Est, dont les Kabyles de nos jours semblent les descendants plus ou moins purs.

Les Carthaginois furent le premier peuple civilisé qui s'établit d'une façon sérieuse en ce pays. Exploitation des indigènes, occupation du littoral, voilà en deux mots leur politique, politique égoïste et insensée que de nos jours un parti aimant à vivre de grasses sinécures voudrait voir imiter par la France et dont les Carthaginois ne tardèrent pas à récolter les fruits : Carthage prise, toute trace de leur domination disparut et ces indigènes qu'ils n'avaient su ni dompter, ni assimiler, las de leur politique mercantile, s'allièrent à leurs ennemis pour hâter la ruine du peuple qui, seul dans l'antiquité, put, contre les Romains, tenir en suspens les destinées du monde.

Tout change avec les vainqueurs de Carthage.

L'Afrique est sérieusement colonisée et devient l'image de la métropole. Malheureusement la décadence arrive. Avec l'empire s'en vont les mâles vertus de la République. Aussi ce peuple, qui, souverain, ne connut point de vainqueurs, esclave, ne put réduire les montagnards africains. Ceux-ci, quand l'heure vient du démembrement de la puissance romaine, descendent de leurs sommets et refoulent peu à peu les colons latins.

Mais alors une nouvelle et plus terrible invasion s'approche. Le flot musulman, comme un torrent, passe sur le Nord de l'Afrique et fait disparaître la domination romaine qu'attestent seules d'imposantes et majestueuses ruines. A la suite de ce profond ébranlement s'établissent de puissantes dynasties musulmanes où, alors que l'Europe est plongée dans les ténèbres du Moyen-âge, la civilisation arabe se greffe sur celle de l'Antiquité, brille d'un vif éclat et peut-être n'eût pas en des mains rivales, laissé tomber le sceptre du progrès, s'il ne lui lui eut manqué le principe vital des sociétés modernes, la liberté, si le despotisme pouvait fonder quelque chose de durable. L'Arabe devient langue officielle, mais la masse du peuple bien que musulmane, reste berbère de mœurs et de langage.

Vers le milieu du XIe siècle, une invasion d'Arabes, lancée par le califat du Caire, s'empare des plaines du Nord de l'Afrique et refoule les Berbères. Dans ce malheureux pays, où deux races rivales se disputeront le sol, va régner désormais une profonde anarchie. La domination turque en achève la ruine et la décadence : ni routes, ni commerce, des campagnes désolées, des villes repaires d'une soldatesque qui n'a d'autres fonctions que d'assurer la rentrée des impôts, ceux-ci ne servant qu'à gorger la poignée de vainqueurs qui exploite le pays, des ports refuges non du commerce mais de ceux qui en sont la terreur, ces hardis pirates écumeurs de la Méditerranée, tel sera, pendant trois siècles, l'état du Nord de l'Afrique.

La Conquête

Tout le monde sait pourquoi nous sommes venus à Alger. Cette ville prise, nous fûmes bien embarrassés de notre conquête. Par la capitulation, nous nous trouvions nominalement souverains d'un pays soulevé contre nous. Pendant les premières années, indécision complète, on parlait même d'abandonner l'Afrique. Nous nous contentons d'occuper les ports et de repousser les attaques des tribus rebelles.

Enfin, en 1837, on résolut d'en finir. Nous signons, un peu vite peut-être, le traité de la Tafna qui concédait à Abdel-el-Kader l'intérieur des provinces d'Alger et d'Oran, nous réservant le littoral, puis, rassemblant nos forces contre les Turcs de Constantine, nous soumettons cette ville et la majeure partie de la province.

Si nous avions profité de la trêve, Abd-el-Kader, lui aussi, l'avait utilisée. Joignant à la fougue militaire des Arabes, le génie politique et administratif qui leur fait presque absolument défaut, il avait sous nos yeux, souvent même avec notre concours, créé un puissant royaume et organisé son armée à l'européenne. Des deux côtés on désirait la guerre : nous pour l'écraser avant qu'il devînt trop fort, lui, pour nous chasser avant que notre domination fût trop solidement établie. La lutte recommença.

De 1839 à 1841, on bataille un peu partout sans succès décisifs. Avec le maréchal Bugeaud, qui devient alors gouverneur général, la face des choses prend une autre tournure. Le nouveau chef exige une armée de cent mille hommes, on lui en donne cent quinze mille. Médéa, Miliana, Tlemcen, sont fortement occupées (1841-1842), Orléansville, Teniet, Tiaret, fondées (1843), Abd-el-Kader poursuivi et traqué de toutes parts, sa smala prise. Désespéré, le héros de l'indépendance arabe s'enfuit au Maroc, voit écraser ses alliés sur les bords de l'Isly et la fortune de sa patrie s'écrouler définitivement devant les fils des vainqueurs de Poitiers (1844). Vainement, comme un lion, il tournera autour de nos frontières, tout est fini, il sera bientôt forcé de se rendre au vainqueur (1847).

L'œuvre du soldat est terminée ; à part quelques insurrections et quelques points insoumis, tout plie devant notre puissance. Restait à organiser et coloniser le pays, tâche autrement difficile.

Marche de la Colonisation

Jusqu'en 1845, préoccupés par la conquête, nous n'avions pas, à part quelques rares villages, fait de la colonisation proprement dite. Nous trouvons cependant dès cette époque, une population européenne de 95,000 âmes, vivant surtout des différentes industries que nécessite une nombreuse armée d'occupation, armée qui dépassait alors cent mille hommes.

Le maréchal Bugeaud, à qui l'Algérie a tant d'obligations, comprenait qu'une population coloniale importante pourrait seule nous rendre vraiment maîtres de ce pays : *ense et aratro*, telle était la devise de ce grand homme qui savait allier le génie administratif au génie militaire.

Alors commencent d'importants essais de colonisation ; des villages prospères et florissants s'élèvent de tous côtés ; administration civile et administration militaire rivalisent de zèle ; on ne connaissait pas encore ou, du moins, on connaissait à peine ces funestes divisions qui, dans la suite, ont fait tant de mal au pays et failli en arrêter les progrès. D'ailleurs une main ferme et respectée de tous savait éteindre d'ombrageuses susceptibilités et, au besoin, rappeler chacun à l'accomplissement de son devoir.

Arrive la révolution de 1848 : des bruits de guerre se répandent ; le gouvernement va rappeler en France l'armée d'occupation pour repousser une invasion européenne ; une insurection éclate, l'effroi gagne les colons ; des familles quittent précipitamment l'Algérie ; la confiance disparaît ; le travail s'arrête ; la colonisation est suspendue. Le calme cependant revient dans les esprits ; l'Assemblée constituante ordonne la création de nombreuses colonies agricoles, des déportés sont envoyés en Algérie et s'y établissent, le pays prend un nouvelle essor : au recensement de 1851, on y trouve 131,000 habitants européens, soit en six ans, de 1845 à 1851, une augmentation de 36,000 âmes ou de 6,000 par an en moyenne.

Dans la première période de l'Empire, l'impulsion donnée par le gouvernement de Louis-Philippe et celui de la République se continua au grand avantage du pays. L'administration était encore en majorité au pouvoir des disciples du maréchal Bugeaud; les sophismes spécieux dont s'armèrent ceux qui plus tard se sont montrés plus Arabes que Français, n'osaient affronter le grand jour. Les progrès de la colonisation furent si rapides qu'on parlait déjà d'une assimilation complète avec la Mère-Patrie, ce qui était beaucoup trop prématuré.

L'Empire eut un bon mouvement. Etait-il sincère? Je l'ignore; toujours est-il qu'il ne fut pas long. On devait doter l'Algérie d'un régime vraiment libéral et, alors la France se trouvait étouffée sous le plus odieux des despotismes, alors que les députés élus par les moyens que l'on sait ne pouvaient même pas faire entendre au Pays leur voix frelatée et n'avaient ni droits, ni pouvoir, ni autorité, on eût fait de notre colonie africaine une espèce d'apanage constitutionnel avec le prince Napoléon pour vice-roi. En attendant on l'inonda de sous-préfets et de sinécures. Voulait-on par le ridicule, tuer le régime civil ? Je ne saurais le dire, n'ayant pas assisté aux conseils ou s'élaboraient les décisions d'un gouvernement qui visait au Machiavel et qui n'eut même pas la noblesse des grands crimes.

Alors que deux journaux seulement, *le Siècle* et *le Phare de la Loire*, osaient risquer de timides plaintes au milieu du silence universel qui régnait sur la France opprimée, Clément Duvernois qui depuis.... sifflait chez nous, aux applaudissements de toute l'Algérie, la sénile et abusive administration de l'Empire autoritaire. Cela ne pouvait durer : on le vit bientôt. Le réveil fut terrible.

Au fond, l'empereur détestait son cousin, l'impératrice ne pouvait le souffrir, et les courtisans l'accusaient de jouer dans la famille Bonaparte celui des d'Orléans dans celle des Bourbons, tous voyaient sans trop de déplaisir les bruits qui couraient sur la guerre de Crimée et ce ne fut pas sans raison qu'on l'envoya en Toscane pendant que le sang français coulait en Lombardie. Fournir, à ce prince l'occasion de jouer au souverain constitutionnel et de faire indirectement la satire du Bas-Empire français, c'était donner à l'ancien échappé de Ham un nouveau motif de haine envers cette Algérie qu'il regardait comme l'œuvre d'une dynastie rivale et pour qui il n'avait toujours eu que de l'aversion, aversion qu'à son tour l'Algérie lui rendait bien.

D'autre part, l'administration des indigènes avait créé une foule d'intérêts qui se voyaient menacés par la substitution de l'administration civile à l'administration militaire et, si l'on ajoute à l'esprit de corps qui finit toujours par se développer dans une administration quelle qu'elle soit, les séductions enivrantes d'un pouvoir sans contrôle, l'on comprendra facilement que les employés des affaires arabes dussent quitter avec peine ces nouvelles et amollissantes délices de Capoue pour retourner à l'austère et difficile devoir du service actif. Cette débauche d'administration civile ouvrit les yeux à tous et leur fit désormais regarder la colonisation, qui leur faisait entrevoir des perspectives aussi peu rassurantes, comme une ennemie qu'il fallait entraver coûte que coûte. Ces haines se trouvèrent admirablement servies et partagées par le gouvernement d'alors.

Arrêter la colonisation c'était non-seulement rendre inutiles à la race française les lourds sacrifices qu'elle s'était imposés par la conquête de l'Algérie mais encore, aux premiers revers, laisser, à la merci de bandes fanatiques et impitoyables, la vie et les biens de familles européennes qui s'étaient établies en ce pays sur la promesse que nous leur avions faite de leur garantir à jamais une complète sécurité et de hâter le plus possible le développement colonial ; c'était risquer de voir protester un jour la signature de la plus généreuse des nations ; c'était trahir non-seulement l'intérêt mais l'honneur de la France ; Voilà l'entière et brutale vérité.

Il est juste cependant de reconnaître que personne à cette époque ne prévoyait les malheurs qui nous ont accablés plus tard et qu'on eût traité d'insensés les Cassandres qui les eussent prédits : c'est ce qui arriva à M. Thiers la veille même de nos désastres.

Il est dans la nature humaine de chercher des excuses à ses fautes, non seulement près d'autrui, mais encore et surtout près de soi. Les ennemis de la colonisation firent appel — ce qu'on fait toujours en pareil cas — à d'ingénieux sophismes pour assoupir et voiler leur conscience : ils se dirent les champions et les tuteurs des Arabes opprimés par nous ; ils essayèrent de le persuader à tous et, en désespoir de cause, se le persuadèrent à eux-mêmes.

La réaction contre le régime civil ne triompha pas du premierc coup. L'administration civile resta, en général, sympathique à la colonisation et fit une résistance sourde et passive, sinon avouée, aux empiétements de l'administration rivale, obligée qu'elle était de suivre l'impulsion de ses chefs gagnés pour la plupart à leurs adversaires afin de rester bien en cour et de conserver les bonnes grâces du maître.

Les colons, qui n'attendaient ni faveurs, ni avancement, soutinrent la lutte qui fut des plus chaudes Les journaux, ces véritables tribunes de nos jours, engagèrent des polémiques passionnées et violentes. Des deux côtés, il y eut dans l'ardeur du combat d'incroyables exagérations. Tandis que les organes des colons ne demandaient ni plus ni moins que le refoulement des indigènes, les ennemis de la colonisation s'oubliaient jusqu'à proposer d'expulser tous les Européens de l'Algérie dans des brochures qu'ils n'osaient signer, aussi aimons-nous à

croire que les auteurs de ces pamphlets anti-patrio-
tiques n'étaient même pas Français de nom.

Le grand objectif des adversaires de la colonisation était la suppression du cantonnement. D'après
la loi musulmane, les tribus n'avaient que la jouissance de la terre ; celle-ci appartenait à l'Etat, qui
percevait l'impôt à titre de loyer; le gouvernement
pouvait déplacer ou déposséder les tribus à sa
guise ; voilà ce qui se fait encore dans les états
musulmans. L'administration française, bien loin
d'enlever leurs terres aux tribus, leur laissait ce qui
était nécessaire, le leur donnait en toute propriété et
réservait le reste pour la colonisation. Voilà en
quoi consistait le cantonnement. Rien de plus juste ;
tout nous y autorisait : la loi musulmane, l'exemple des autres peuples, l'intérêt même bien entendu
des indigènes qui, au lieu d'une jouissance mal dé-
finie de terres incultes et sans valeur, devenaient
propriétaires, avec toutes les garanties de nos lois,
de terrains dont la valeur se trouvait singulière-
ment accrue par l'établissement de villages et de
voies de communications (1).

La colonisation s'avançait donc sûrement ; ce
n'était pas l'affaire de ses ennemis et de l'aristo-
cratie indigène, véritable féodalité qui ne pouvait
subsister au contact de nos institutions.

C'est alors qu'on obtint du servile sénat de l'Empire le fameux sénatus-consulte qui déclara les
tribus propriétaires des terrains dont elles avaient

(1) Est-ce que l'Etat s'est gêné pour mettre en vente les
communaux français, souvent même sans accorder d'in-
demnité à ceux qui en avaient la jouissance ? Les biens
arch, et c'est l'immense majorité des biens des tribus, ne
sont-ils pas de véritables communaux ? Y a-t-il réellement
propriété quant il a suffi à telle tribu que je pourrais nommer de chasser les anciens possesseurs à coups de fusils
pour s'emparer de leurs terres ?

la jouissance : dès lors, plus de cantonnement possible. Encore si l'on avait organisé la propriété individuelle, les indigènes se trouvant posséder plus de terres qu'ils n'en pouvaient cultiver, la colonisation eût marché par le seul fait des transactions et des achats sans secours de l'Etat, ce qui peut-être était la meilleure solution ; on s'en garda bien : un des considérants du sénatus-consulte prévoyant ces ventes de terrains de la part des indigènes interdisait les attributions de terres individuelles !

Des villages parsemés çà et là ; pas ou peu de routes pour exporter les produits ; terres insuffisantes pour la population coloniale qui s'était accrue ; incertitude de l'avenir ; tendance à vendre leurs terres aux indigènes ; impossibilité de leur côté de pouvoir acheter les terres détenues par les tribus, terres qu'ils ne demandaient qu'à cultiver, mais qui se voyaient comme frappées d'interdit : telle était la nouvelle situation créée aux colons ! Fatalement, dans ces conditions, la colonisation devait tôt ou tard disparaître. C'était-ce qu'on voulait.

Nous tenons à la disposition de qui voudra une brochure où, en expliquant ces perspectives, on avouait que ne pouvant d'un seul coup expulser les colons, on y arriverait ainsi infailliblement !

N'était-ce pas une véritable trahison et envers la France et envers les colons ? Quoi, nous aurons dépensé des millions, versé des flots de sang pour conquérir l'Algérie, établi en ce pays des familles européennes et nous réduirons ces mêmes familles à la misère, nous les mettrons dans la nécessité de vendre à vil prix ces terres fécondées de leurs sueurs, nous laisserons à la merci de véritables sauvages la vie de leurs femmes et de leurs enfants, et, lorsque la France se verra dans la nécessité d'appeler tous ses enfants pour se défendre elle-même, tous ses sacrifices passés auront été inutiles et elle se verra obligée de recommencer la conquête de ce pays ou de l'abandonner !

Qu'on ne dise pas que j'exagère : Si les tristes théories qui triomphèrent dans la seconde partie de l'Empire avaient été dès l'origine mises en pratique, si le royaume arabe avait été tout-à-fait constitué, l'Algérie, sans milices coloniales pour empêcher l'insurrection de s'étendre, eût été à reconquérir comme la Kabylie en 1870 (1) ! Ah ! si, parlant de la politique impériale en Europe, un grand orateur a pu dire que notre pays a été trompé, indignement trompé, on peut dire, parlant de celle que l'Empire a tenue en Afrique, que la France a été trahie, indignement trahie !

Malgré ces luttes et ces tiraillements, la colonisation marcha toujours et fit des progrès remarquables : au recensement de 1861, on trouva 192,000 Européens en Algérie, soit, sur la population coloniale de 1851, une augmentation de 61,000 habitants ou de 6,100 en moyenne par an.

Bien que la période 1861-1866 amène le triomphe des idées anti-colonisatrices, bien que l'on ne fît guère de villages à cette époque, la population européenne continue à progresser.

La création d'un centre ne donne pas de suite tous ses résultats. C'est surtout dans les années qui suivent que ceux-ci s'accentuent. Non-seulement le village ne se peuple pas complétement dès la première année, mais les différentes industries que nécessitent les nouvelles populations agricoles

---

(1) Tout village pris par les insurgés était incendié, tout Européen qui tombait entre leurs mains impitoyablement massacré après avoir subi les derniers outrages.

ne s'établissent qu'au fur et à mesure des besoins dans les villes voisines.

La période dont il s'agit bénéficia des nombreuses créations qui avaient été faites dans la précédente, aussi le recensement de 1861 accusa-t-il une population coloniale de 235,000 âmes, soit, sur 1861, une augmentation de 43,000 Européens ou de 8,600 en moyenne par an.

Mais la période de 1866-1872, encore plus nulle que la précédente au point de vue colonisateur, n'avait pas, comme elle, à hériter des créations de sa devancière. Aussi le recensement de 1872 n'accusa-t-il que d'insignifiants progrès dans la population européenne. En effet, on trouva alors une population coloniale de 245,000 âmes ou une augmentation de 10,000 Européens, seulement, sur 1866, soit en moyenne 1,666 par an.

Si l'on songe que dans la période 1872-1876 l'augmentation moyenne annuelle européenne a été de plus de 16000 âmes et que l'année 1871-1872 fut aussi fructueuse pour la colonisation que celles qui l'ont suivie et qu'elle a bénéficié de l'émigration alsacienne-lorraine, n'est-on pas en droit de se demander si dans la période impériale 1866-1870 la population coloniale n'a pas été en déclinant au lieu d'augmenter ?

D'ailleurs, c'est ce qui est arrivé à la population indigène pendant cette période néfaste. Le recensement de 1872 accusa une diminution d'environ 500,000 âmes — je dis cinq cent mille ! — dans la population musulmane.

Tels étaient les résultats des prétendues théories arabophiles : les stastistiques officielles elles-mêmes prouvent qu'elles auraient abouti à faire un vaste désert de notre belle colonie. Qu'on les récuse si on l'ose,

Je sais bien qu'on rejettera le tout sur la famine et l'insurrection, mais n'est-il pas évident que ces malheureuses populations affamées auraient comme les Européens, surmonté la première épreuve si elle avaient pu, pour s'acheter quelque nourriture, soit aliéner, soit hypothéquer ces immenses terrains qu'on semblait leur avoir donnés, comme aux dragons jaloux de la fable, non pour les cultiver, mais empêcher qu'elles ne devinssent propriétés françaises, en se refusant à créer la propriété individuelle?

N'est-il pas évident aussi que l'insurrection de 1871 n'eût jamais éclaté si l'Empire avait colonisé la Kabylie comme le reste de l'Algérie, si le mouvement colonial n'avait pas été suspendu?

La République de 1870, comme sa sœur de 1848, donna un grand développement à la colonisation entravée et gênée par le gouvernement impérial qui, comme partout, a marqué son passage en Afrique en foulant aux pieds les intérêts les plus sacrés de la France, en gaspillant en quelques années de folies et d'inepte despotisme les fruits de la sage et prévoyante politique des gouvernements qui l'avaient précédé.

Certes, en voyant les nombreux villages créés depuis 1871, nous nous attendions à de rapides progrès dans la population européenne de l'Algérie, cependant, nous l'avouons, les résultats ont dépassé notre espérance. Le recensement de 1876 accuse une population coloniale de 311,000 âmes, soit, sur 1872, une augmentation de 66,000 habitants ou de plus de 16,000 par an.

Que l'administration algérienne persévère dans sa nouvelle voie, et le jour ne tardera pas à luire où l'Algérie sera vraiment une terre française, un prolongement de la Mère-Patrie, où notre race pourra défier ses ennemis de lui enlever jamais cette terre que nous avons conquise et par les armes et par le travail *ense et aratro* comme disait l'illustre maréchal Bugeaud, le véritable conquérant de l'Algérie.

Modifications à apporter au système actuel de colonisation

Créer de nouveaux centres et hâter l'organisation de la propriété individuelle, tels doivent être les deux objectifs de l'administration algérienne : ainsi nous implanterons en ce pays une nombreuse et virile population européenne qui, ensuite, se développant librement, s'assimilera les anciennes populations par le seul jeu des forces économiques et civilisatrices.

Il est un fait reconnu de tout le monde, c'est qu'un village créé loin de tout centre européen est condamné à végéter et devient une proie facile en temps d'insurrection.

Au lieu d'éparpiller les nouveaux centres, l'administration devrait, selon nous, les concentrer près des villes : populations agricoles et populations urbaines verraient ainsi faciliter leurs échanges ; de plus, en cas d'insurrections les premières auraient à leur portée un abri assuré pour les femmes et les enfants, un centre où la défense pourrait s'organiser. Je me plais à reconnaître cependant que l'administration algérienne depuis quelques années semble tendre vers ces principes.

Si par les résultats obtenus l'on juge de l'excellence des différents modes de peuplement, on doit reconnaître que la concession gratuite avec résidence, personnelle, obligatoire, base du titre II, est le meilleur des procédés suivis jusqu'à ce jour. On peut certainement adresser de justes reproches au

système préconisé par l'honorable M. de Gueydon ;
on l'a déjà modifié en réduisant à cinq le terme de
neuf ans précédement adopté. Nous pensons qu'on
pourrait encore l'améliorer.

Quel but poursuivons-nous dans l'établissement
d'un village ? le peuplement français et peu nous
importe que ce soit Pierre ou Paul qui l'habite. En
obligeant le concessionnaire à résider personnelle-
ment, nous éliminons deux classes très-nombreu-
ses : ceux qui, ayant les capitaux nécessaires pour
faire prospérer la concession, ne peuvent pour différentes raisons aller y séjourner, et ceux qui,
n'ayant que leurs bras et leur bonne volonté, n'ont
pas ces même capitaux. Je sais bien qu'on a au-
torisé les emprunts hypothécaires sur les concessions faites au titre II, mais, indépendamment de
l'imbroglio qu'elle a produit, cette clause ne saurait évidemment profiter qu'aux usuriers : tout agri-
culteur qui emprunte s'achemine à la ruine, la
terre ne rapportant jamais, en moyennne, un intérêt aussi élevé que les capitaux représentés par
sa valeur.

Nous croyons qu'il suffirait pour assurer le peuplement français d'interdire, pendant un certain
laps de temps, la vente ou la location à des indigènes ou à des étrangers des terres obtenues en
concession et d'exiger seulement la résidence d'un
cultivateur français propriétaire ou non.

De plus, afin d'éviter tout soupçon d'arbitraire
administratif, les commissions départementales
seraient chargées de prononcer en séance publique
l'éviction des concessionnaires qui ne rempliraient
pas les conditions consenties par eux. Cette dépos-
session consisterait dans la mise en vente aux en-
chères publiques, les Francais y étant seuls admis,
du titre de concession dont le prix ferait retour,

partie aux concessionnaires évincés, partie au budget de la colonisation. On ne verrait plus cette
monstruosité d'individus ruinés pour n'avoir pu
rester sur leurs concessions, souvent pour des
causes indépendantes de leur volonté.

On serait sûr d'éviter ainsi les tracasseries repro-
chées parfois à juste raison à des fonctionnaires
omnipotents ou une indulgence coupable envers
quelques favorisés et préjudiciable aux intérêts
de la colonisation. C'est là un système qui fut
suivi en 1871, dont on s'est bien trouvé et qu'on
a eu tort d'abandonner à mon avis.

Je voudrais même que la délivrance des concessions aux familles algériennes revînt à ces mêmes
commissions, tout en laissant comme par le passé,
à l'administration la délivrance des concessions
réservées aux émigrants de la métropole.

Une des raisons qui ont fait adopter le principe
de la résidence personnelle, c'est que l'on craignait
l'accaparement des terres. Il suffirait, pour pré-
venir cet abus, d'interdire l'attribution ou l'achat
de plus d'une concession au même individu.

Conséquences de l'organisation de la propriété individuelle chez les indigènes

La première et la plus directe des conséquences
amenées par l'organisation de la propriété individuelle chez les indigènes, c'est que ceux-ci se trouvant, grâce aux largesses de l'Empire, posséder plus
de terrains qu'ils n'en peuvent cultiver auront intérêt à vendre une partie de leurs terres aux Européens afin de concentrer leurs forces et leurs capitaux. Le peuplement européen marchera donc
sûrement sans gêner les indigènes, et, bien plus, en
les enrichissant eux-mêmes.

A ceux qui pourraient metttre en doute ce que nous avançons, nous dirons que le Tell algérien, contrée aussi riche que les parties les plus favorisées du midi de l'Europe, a moins de deux millions et demi d'habitants sur une superficie de 140,000 kilomètres carrés ou près de la moitié de l'Italie, qui compte vingt-six millions d'habitants.

Prenons, dans chacun de nos départements, trois des communes mixtes les plus étendues, afin que les causes accidentelles pouvant agir sur le plus ou moins de densité de la population disparaissent dans l'ensemble, prenons-les en territoire civil, dans les parties les plus fertiles de chaque province, nous trouvons :

Commune mixte de Ténès, 105,822 hectares et 19,355 habitants ; commune mixte d'Aïn-Temouchent, 176,341 hectares et 26,351 habitants ; commune mixte d'Aïn-Mlila, 147,412 hectares et 19,940 habitants, soit en tout 4,995 kilomètres carrés (un département français!) et 65,646 habitants alors qu'en France ; il y en aurait plus de 300,000 !

Ou l'indigène, susceptible de progrès, améliorera ses procédés de culture et, noyé dans un élément européen important, s'assimilera ou, réfractaire à tout progrès, il continuera à tirer du sol des produits de beaucoup inférieurs à ceux obtenus par la culture européenne et sera fatalement amené à vendre ses terres aux Européens : la valeur des propriétés agricoles augmentant dans des proportions considérables, grâce à l'établissement des routes et des chemins de fer, les impôts s'élevant en proportion, il arriverait fatalement que l'indigène aurait tout bénéfice à vendre les terres qu'il se trouverait incapable de mettre en rapport et dont il n'obtiendrait que des produ' ont la valeur serait loin d'atteindre les rentes qu. pour-

rait se créer en plaçant les capitaux qu'un Européen lui offrirait en échange.

Politique à suivre à l'égard des étrangers

On a remarqué, sans doute, que, dans notre exposé des progrès de la colonisation, nous ne faisions pas de différence entre les Européens d'origine étrangère et ceux d'origine française : tous, en effet, servent comme nos nationaux à l'établissement de notre influence et de notre domination.

Perdu dans un milieu français, et par le nombre et par la prépondérance qu'assure à nos compatriotes la possession des pouvoirs civils et politiques, l'étranger ne tarde pas à s'assimiler notre langue et nos mœurs, souvent même il oublie celles de son pays surtout s'il arrive assez jeune en Afrique. D'ailleurs, les nouvelles générations élevées dans nos écoles, mélangées avec nos enfants, ne connaissent d'autre patrie, d'autre langue, d'autres idées que celles de cette terre qui les a vues naître et, regardant travailler, jouer, courir ensemble, tous ces jeunes africains, il serait bien difficile de dire quels sont ceux d'origine française ou d'origine étrangère.

Quand bien même l'enfant d'un étranger voudrait renier cette patrie d'adoption qui lui a tout donné : une terre qu'elle avait conquise au prix des plus lourds sacrifices et à laquelle il n'avait aucun droit, écoles, travail, protection, sécurité, tout, comme aux enfants de ceux dont les pères ou les frères avaient arrosé ce pays de leur sang, à quelle nation pourrait-il se rattacher, lui fils d'un père Italien, par exemple, et d'une mère Française ou autre ?

Qui donc pourrait balancer l'influence française ?

Serait-ce l'élément espagnol, le plus nombreux
et le plus récalcitrant des étrangers ? Mais, en ad-
mettant que nul d'entre eux ne fût absolument
francisé, ce qui est loin d'être, les 92,000 Espagnols
qui habitent l'Algérie pourraient-ils neutraliser les
160,000 Francais maîtres du pouvoir et de l'administration, appuyés de 33,000 Israélites naturalisés,
francisés et de plus de 6,000 étrangers de nationalités diverses qui, s'ils ne l'ont pas oubliée, ne connaissent avec leur langue maternelle que celle de
notre nation, appuyés encore de milliers d'indigènes autant sinon plus familliers avec notre langue
et nos usages qu'avec les leurs propres ? Faut-il
parler des 25,000 Italiens, des 14,000 Maltais, les plus
nombreux des étrangers, après les Espagnols, des
5,000 Allemands ?

Continuons donc à pratiquer cette large et généreuse hospitalité, elle a fait notre honneur, elle fera
notre force : le Nord de l'Afrique sera pour les races
latines et la nation française ce que furent les Etats-
Unis pour les races germaniques et la nation an-
glaise.

Courage, noble France, tes sœurs ingrates et
jalouses n'ont pas craint de se réjouir de tes désastres, de tendre la main à tes adversaires, leurs im-
placables ennemis, malheureuses et imprévoyantes
nations, qui donc, la France tombée, devant le flot
envahisseur des races slaves et germaniques, tien-
dra haut et ferme le drapeau des races filles de
Rome ?

Tout en continuant la politique actuelle à l'égard
des étrangers, nous engageons le gouvervemeut à
obtenir, par voie diplomatique, ce qui a déjà été
obtenu à l'égard des Espagnols.

Ceux-ci, en effet, s'ils ne justifient avoir satisfait
chez eux aux exigences du service militaire, sont

astreints chez nous à la conscription. Le jour où les étrangers ne verront plus leurs enfants jouir du privilége immense de ne pas payer l'impôt du sang, ils se feront naturaliser pour la plupart et entreront rapidement au sein de la grande famille française qui ne demande qu'à les adopter.

On a demandé que les étrangers fussent admis à envoyer des représentants dans nos conseils généraux. Nous ne sommes pas partisans d'une semblable mesure. Si, en effet, nous ne devons rien négliger pour attirer les étrangers en Algérie, il est bon, afin de les amener le plus promptement possible à se faire naturaliser, de ne pas leur accorder même en partie, les droits et priviléges du citoyen alors qu'ils n'en supportent pas la charge la plus lourde et, bien loin de leur accorder des conseillers généraux, nous serions même d'avis de supprimer les conseillers municipaux nommés au titre étranger, conseillers élus souvent par un nombre de voix ridicule et qui formeraient à la longue comme un lien entre les nationalités étrangères établies en Algérie : avantages matériels c'est assez, avantages moraux et politiques c'est trop.

Politique à suivre à l'égard des indigènes

Ce qui se passera probablement plus tard, d'une façon moins rapide et moins désavantageuse pour la population indigène, s'est, en moins d'une génération, accompli dans les villes et leurs banlieues. En effet, si dans la culture et la production des céréales, la différence est de près de moitié en faveur des Européens, il n'y a plus de concurrence possible dans l'industrie et le commerce, il n'y a plus de comparaison pour la culture intensive et maraîchère : ici l'indigène se trouve absolument désarmé, est

réduit aux emplois de manœuvre ou de terrassier,
et se voit peu à peu obligé de céder la place à des
concurrents plus habiles : Alger, sur 60,000 habitants, n'a plus que 11,000 indigènes ; Oran, sur
50,000, n'en a plus que 4,000 ; Bône, sur 25,000, en a
6,000 ; Constantine, sur 40,000, en a 17,000 et tandis
que sa population européenne s'accroît rapidement,
la population indigène va en déclinant. Voilà pour
les villes où nous avons trouvé des noyaux de population indigène qui végètent à nos côtés, mais
celles que nous avons fondées, sont presque exclusivement européennes : Philippeville, sur 15,000 habitants, a 2,000 indigènes dont peu résident en ville ;
Bel-Abbès, sur 14,000 en a 1,500 ! etc.

Dans les tribus, bien qu'elle ait peu ou point à
lutter contre la concurrence européenne, la population indigène dépérit et se meurt encore plus rapidement peut-être que dans les territoires colo-
nisés.

Tout le monde sait que l'Arabe s'appauvrit de
plus en plus ; dans les années ordinaires, il lutte
tant bien que mal contre la misère, mais vienne
une mauvaise récolte, c'est par milliers que la faim
et le dénûment y font des victimes.

La situation des populations indigènes déjà bien
malheureuse sous la domination turque n'a fait
que s'aggraver avec la nôtre. Non-seulement elles
se trouvent dans une situation économique des
plus défectueuses, obligées qu'elles sont de lutter
avec des races plus riches et mieux armées pour le
travail, mais leur situation politique et administrative qui, au premier abord semble s'être améliorée,
s'est, il faut bien le reconnaître, aggravée au contraire.

Qu'arriverait-il en France, si le maire nommé par
un pouvoir étranger fût investi d'un pouvoir abso-

lu et à peu près sans contrôle et de plus chargé de répartir les impôts entre ses administrés ? Ce qui arriverait, on le devine sans peine. Ce que pourrait un maire dans sa commune, un caïd le peut dans sa tribu : le chef indigène voit entre ses mains, réunis en tout ou partie les pouvoirs du maire, du juge, du commissaire de police, du commandant de gendarmerie, du percepteur, etc. Telle était l'organisation des tribus sous les Turcs, telle nous l'avons laissée avec cette aggravation que, sous les premiers, le caïd avait intérêt à tondre ses brebis sans les écorcher, son intérêt lui commandant d'épargner un troupeau qu'il tenait de ses pères et devait transmettre aux siens, que de plus, son autorité ne pouvait dépasser certaines limites, crainte de soulever les administrés : si l'arbitraire allait trop loin, la tribu se soulevait et châtiait son chef, c'était là affaire de famille, les Turcs se gardaient bien d'intervenir, ou s'ils s'en mêlaient on pouvait du moins résister contre eux et goûter le plaisir de se battre, plaisir dont les Arabes sont si friands, tandis qu'aujourd'hui le caïd n'est plus un propriétaire exploitant sa propriété, la tribu, mais un intendant, un fermier, qui exploite celle d'un autre, l'Etat, et lui fait produire le plus possible, il tond et écorche à sa guise, que faire ? réclamer ? les chefs militaires ont trop le respect de la discipline pour ne pas châtier d'importance les inférieurs, s'insurger ? nos bataillons sont bien vite sur les lieux et avec nos armes perfectionnées, l'Arabe ne peut songer à les approcher, à rendre coups pour coups, il ne lui reste plus qu'à se draper dans son burnous, s'étendre et mourir en nous maudissant !

Ce peuple, abâtardi par des siècles de servitude, a tous les vices des esclaves ; s'il se trouve dans des conditions économiques difficiles pour lui,

nous n'en sommes point responsables et nous serions
en droit de nous croiser les bras et regarder froi-
dement dépérir ce peuple qui dans toutes ses insurrections s'est montré impitoyablement féroce
même envers les colons, les femmes et les enfants
sans défense. Nous croyons cependant que pour
l'honneur de la race française, il ne suffit pas d'être
strictement juste à l'égard des vaincus, de ne pas
organiser l'expulsion systématique, la chasse à
l'homme qu'on a vu faire dans certaines colonies
anglaises puis de se croiser les bras et de se laver
les mains ; nous croyons que sans sacrifier nos
droits et se montrer d'une faiblesse niaise et ma-
ladroite, nous devons tendre la main, élever à nous,
si c'est possible, et le plus rapidement que nous
pourrons, ces malheureuses victimes du despotisme : être bon et indulgent, c'est presque toujours
être fort et habile.

L'Arabe souffre et meurt d'une situation économique que nous ne pouvons qu'atténuer et d'une
organisation administrative désastreuse, qu'il est
de notre devoir d'améliorer le plus tôt possible en
donnant surtout un peu de garanties aux indigènes dans la répartition et la perception des impôts,
et je crois le moment venu pour des réformes
réclamées depuis longtemps par l'opinion publique à cet égard (1).

Bien des mesures seraient à prendre pour hâter
l'assimilation des indigènes. La première serait de
les admettre peu à peu à là jouissance de nos droits
civils et politiques. Actuellement, les musulmans de
l'Algérie sont déclarés sujets français mais ne sont
admis que sur leur demande au titre de citoyen ;

(1) Je viens de lire dans la *Solidarité* que désormais les
indigènes des tribus verseront leurs impôts *individuellement*
entre les mains des receveurs des contributions diverses.

il y a là, à mon avis une sottise et un danger : une sottise, car nous abandonnons aux caprices des indigènes la jouissance d'un titre dont ils sont incapables d'apprécier la valeur, nous avilissons et prosti-
tuons gratuitement au premier venu un titre qui
devrait être considéré comme une faveur ; il est
certain que l'intérêt bien entendu des indigènes devrait les amener à se faire naturaliser, mais combien, parmi nos nationaux, qui les imiteraient dans
leur dédain pour le titre le citoyen, s'il leur fallait
choisir entre les droits politiques d'une part et le
privilége de ne pas payer l'impôt du sang et de
jouir des immunités (divorce, polygamie, etc.) que to-
lère la loi musulmane ? J'avais donc bien le droit de
dire que c'est là une sottise, j'ajoutais que c'est
un danger. En effet ou l'Arabe continuera à faire
bande à part et formera une race de parias à côté
des Européens, et en cela nous aurons imité la
sage politique des Turcs, dont la déconfiture
actuelle doit suffisamment nous édifier nous aurons à nos portes créé une seconde Turquie où
les guerres de religion et de races seront indéfiniment à l'état latent, ou bien, soit que nous le sou-
mettions au service militaire, qu'il ait des avantages matériels, tangibles en quelque sorte, à se
faire naturaliser, soit qu'il finisse par comprendre l'importance des droits politiques, l'indigène
profitera de nos largesses, se fera naturaliser en
masse, et il arrivera que les intérêts les plus chers
de l'Algérie seront abandonnés à la merci de masses
ignorantes, qui, incapables de se servir de cette
arme terrible, le droit de suffrage, mèneront ce pays
à la ruine et noieront de leurs votes inconscients
ceux de nos compatriotes. Encore s'il n'y avait à
craindre que leur ignorance et leur inexpérience
on pourrait fermer les yeux : il en est du suffrage

comme de toute force, c'est en se blessant qu'on apprend à s'en servir, mais pouvons-nous livrer à la merci de gens qui nous détestent les budgets communaux et départementaux de l'Algérie et une population européenne qui verrait ses intérêts à la merci de fanatiques ignorants ? poupons-nous livrer à une race, d'intérêts opposés aux nôtres une quarantaine de siéges dans les asemblées qui ont charge des destinées de notre patrie ?

Si l'Algérie était assimilée à la France, elle aurait droit, d'après sa population, à quarante députés au moins et à plus de vingt sénateurs, siéges qui seraient à la merci des populations indigènes si elles se faisaient naturaliser en masse : suspension de la colonisation, expulsion ou massacre des Européens aux premiers revers de notre patrie (1), influence puissante donnée, sur l'impulsion des affaires générales de la France, à des races inspirées par des intérêts souvent opposés aux nôtres, telles seraient les conséquences d'une naturalisation en masse des indigènes de l'Algérie.

Si la question devait être ainsi posée, s'il nous fallait absolument choisir entre livrer quatre cent mille Européens et sacrifier leurs intérêts à deux millions et demi d'indigènes à moitié sauvages, ou laisser ces derniers sous la tutelle de deux cent mille de nos compatriotes, le choix ne serait pas douteux pour tout Français. Nous croyons cependant qu'il y a moyen de concilier les intérêts de nos nationaux et ceux des indigènes.

Qui empêcherait de naturaliser les indigènes d'une commune lorsqu'ils s'y trouveraient par exemple inférieurs aux deux tiers de la population française ou naturalisée ? Dans beaucoup de locali-

---

(1) Rappelons-nous les insurrections passées.

tés cette mesure pourrait déjà être mise à exécution. Les électeurs français étant toujours divisés en plusieurs partis, il arriverait pour les musulmans, ce qui s'est présenté pour les israélites et, bien qu'incapables de faire à eux seuls la majorité, ils pourraient faire pencher la balance soit à droite, soit à gauche ; les candidats auraient ainsi à tenir compte d'une population absolument négligée aujourd'hui, bien qu'elle alimente en grande partie les différents budgets algériens. Si les musulmans essayaient d'abuser des nouveaux droits que nous leur aurions concédés et s'ils tentaient de s'en servir pour fouler aux pieds les intérêts de nos nationaux, ceux-ci, oubliant leurs nuances et leurs divisions de détails, en s'unissant, rendraient ces tentatives inutiles. Ainsi l'assimilation de la race indigène marcherait sûrement, au fur et à mesure des progrès de la colonisation, sans danger pour notre domination et nous pourrions être sûrs qu'un jour, moins éloigné peut-être qu'on ne le pense, les races qui peuplent notre belle colonie ne formeraient plus qu'un seul peuple au sein de la grande famille française.

Le parti des conseils de guerre et des fusillades sans jugement nous objectera peut-être la capitulation d'Alger comme il l'a fait chaque fois qu'il s'est agi d'amener le peuple arabe dans la voie du progrès. Nous nous contenterons de répondre que cette capitulation ne saurait nous engager, attendu qu'elle a mainte et mainte fois été déchirée par les Arabes eux-mêmes et que, fût-elle intacte, il n'a jamais pu entrer dans l'idée de personne de laisser indéfiniment ce pays aux mains de races ennemies, toujours prêtes à s'entre-déchirer, qu'il n'y a pas oppression de la part des vainqueurs quand ils admettent les vaincus à jouir de leurs droits en leur

imposant les mêmes charges, qu'il n'y a point persécution religieuse quand nous plaçons la religion
musulmane sur le même pied que celles déjà suivies par les Français, les tolérant et les respectant
toutes en tant qu'elles n'ont rien de contraire à nos
lois. Sommes-nous oppresseurs en faisant travailler
le dimanche nos soldats chrétiens ? et le samedi ceux
qui sont israélites ? Avons-nous été oppresseurs
en soumettant à nos lois les israélites indigènes ?
et pourtant leur religion est souvent en contradiction avec nos lois ; c'est ainsi que chez eux, comme
chez les musulmans, le divorce et la polygamie
étaient en usage. Serions-nous oppresseurs en interdisant ces dernières habitudes aux musulmans
comme aux israélites, alors que la religion musulmane ne fait que les tolérer en les critiquant ?

On devrait interdire les naturalisations individuelles accordées sur la simple demande des indigènes, et n'en admettre individuellement à la
jouissance des droits politiques qu'à titre de faveur
exceptionnelle pour services rendus à la France et
entourer de certaines garanties l'obtention du titre
de citoyen, un gouvernement peu scrupuleux pouvant se servir de cette latitude pour se créer des
bourgs pourris électoraux, ressusciter les scandales des candidatures officielles de l'Empire, à l'aide
d'électeurs inconscients.

Un rapide moyen d'assimilation des races indigènes serait de les soumettre à la conscription et
de les envoyer en France ou dans nos autres colonies accomplir leur service militaire : nous nous
procurerions ainsi d'excellents soldats qui reviendraient en Algérie familiarisés avec nos mœurs et
notre langue. J'entends nos adversaires contempteurs habituels des droits du citoyen, s'écrier : mais
c'est inique ! Comment, vous soumettez les indigè

nes au service militaire sans leur accorder la jouissance des droits politiques ?

Qu'ils nous disent si, dans les monarchies de leurs rêves, les prolétaires italiens, les Russes, bien que soldats, sont admis à voter ; si les neuf dixièmes des Français avant 1848 ne subissaient point la conscription sans jouir des droits politiques. D'ailleurs ces droits nous ne les refusons pas aux Arabes, seulement nous voulons agir prudemment et peu à peu, chaque chose vient à point pour qui sait attendre.

Un fait douloureux à constater, c'est qu'il n'a rien ou à peu près rien été fait pour l'instruction des indigènes. Le peu qui a été tenté dans cette voie, est dû, je me plais à le reconnaître, à ladministration militaire. Mais que sont les quelques écoles arabes-françaises? Des points isolés et perdus dans l'immense étendue du pays.

Les communes algériennes se montrent larges et généreuses quand il s'agit de doter les écoles. Certes ce n'est pas sans orgueil que l'Algérie se voit occuper le second rang au point de vue de la propagation de l'instruction primaire chez les Européens (1). D'où vient cependant que nos écoles, bien qu'ouvertes à tous, ne sont guère fréquentées que par ces derniers? il y a bien des causes à cela.

La première sans contredit est la misère, et comme celle-ci s'accroît de jour en jour chez les indigènes, nos écoles se voient de moins en moins fréquentées par leurs enfants.

Ici, comme en France, le cléricalisme, au mépris de nos intérêts les plus chers, a continué son œuvre de ténèbres et, autant qu'il était en son pouvoir, a

_____

(1) A l'Exposition universelle de Vienne, le premier rang fut accordé au Canada, le second à l'Algérie et le troisième, si je ne me trompe, à la Saxe.

contribué à tenir parqués à part les enfants européens et les enfants indigènes. Croirait-on que dans
ce pays, en majorité musulman, où nous devons
par tous les moyens possibles chercher à attirer les
indigènes dans nos écoles, celles-ci sont tenues en
grand nombre par des congrégations religieuses,
alors que parfois la majorité des enfants n'appar-
tient pas au culte catholique? Je pourrais citer plus
d'une école où les enfants sont en majorité israélites,
et où l'on fait les prières catholiques. Une telle con-
duite devait naturellement achever d'éloigner de nos
écoles les musulmans qui s'en méfiaient ; aussi tandis que les écoles arabes-françaises, où le culte indigène est respecté, sont tant bien que mal fréquentées par les enfants musulmans, nos écoles européennes, où tout (livres, images, prières) en blesse
les sentiments religieux, s'en voient absolument
désertées.

Avec le service militaire, l'instruction est sans
contredit le pus sûr et le plus rapide moyen d'assimilation des indigènes. Pour assurer la fréquentation de nos écoles de la part de ces derniers, il
faudrait commencer par les rendre toutes absolument laïques et mixtes, quant aux cultes, c'est-à-
dire ne s'occuper que d'enseignement dans les écoles et laisser aux familles le soin de faire donner
l'instruction religieuse à leurs enfants par les mi-
nistres de leur culte, bannir enfin de. nos écoles
tout ce qui pourrait froisser la conscience des indigènes et ne chercher qu'à en faire de dignes enfants
de la France qui les a adoptés ou les adoptera tôt
ou tard.

L'école payée par tous convenant à tous, il faudrait
en assurer la fréquentation et rendre l'instruction obligatoire dans les communes des territoires
civils, le maire restant juge des dispenses à accor-

der aux enfants qui auraient de trop grandes dis-
tances à parcourir pour fréquenter l'école la plus
rapprochée.

Qu'on me permette ici une parenthèse qui mon-
trera l'urgence d'entrer dans cette voie. En 1876, à
20 minutes de Miliana, je visitais une ferme avec
quelques amis. Je demande à l'un des enfants, qui
pouvait avoir une dizaine d'années, quel âge il avait
au juste. D'abord il semble ne pas comprendre et
finit par répondre : Moi pas savoir ! le père, qui
était des environs de Paris, et la mère, originaire
de la Champagne, m'apprennent alors que leurs
enfants ont l'habitude de parler arabe entre eux
et s'expriment difficilement en français ! c'était
à se demander si nous venions en Afrique pour
franciser les Arabes ou au contraire pour nous ara-
biser.

J'ai dit plus haut que les Arabes, abâtardis par
des siècles d'oppression, ont tous les vices des esclaves. Voici, en effet, ce que j'écrivais en 1872 à mon
ami Brugerre, rédacteur en chef du *Zéramna* de Philippeville. Maître d'étude au collége arabe de Constantine, j'étais mieux que personne à même de
juger des pères d'après les enfants : « On ne peut
se figurer combien la société arabe est foncièrement
gangrenée. Il faut se porter aux plus tristes années de notre histoire, à l'époque où l'ignorance
et le fanatisme avaient éteint chez nous tout sens
moral pour voir une telle dégradation. Les Arabes
sont menteurs, voleurs et corrompus : menteurs,
à tel point que c'est passé chez eux à l'état
d'habitude, qu'ils mentent même sans nécessité et
qu'il est à peu près impossible de connaître la vérité.
A chaque instant il m'arrive un élève accusant son
camarade de tel ou tel fait et appuyant son ac-
cusation de cinq ou six témoins. L'accusé de son

côté nie énergiquement et n'est jamais embarrassé pour trouver des complices ;

» Voleurs, journellement on ne se plaint que de livres volés, de cahiers disparus, et souvent voleurs et volés s'accusent, s'insultent, jurent qu'il sont innocents, prennent à témoins Dieu et son prophète, de sorte qu'il est à peu près impossible de connaître les coupables, ou plutôt, ils le sont tous, et l'on peut frapper dans le tas sans y regarder de trop près, car :

A tort et à travers
On ne saurait manquer punissant un pervers ;

» Corrompus......................................»

Avec une société pareille, où le vol et le faux témoignage sont en honneur, la justice est bien difficile, et si notre devoir, si notre honneur exigent que nous tendions la main à ces malheureux, on reconnaîtra qu'il faut le faire avec prudence et fermeté, toute faiblesse ridicule et niaise serait néfaste et pour nous et pour eux : tel le chirergien enfonce le fer dans la plaie gangrenée sans se laisser émouvoir par les cris du patient ou les larmes des proches.

Augmentation du nombre des départements de l'Algérie

L'Algérie, essentiellement agricole, n'a guère de relations commerciales qu'avec la France et l'Europe ; amener les produits vers la mer le plus rapidement et le plus économiquement possible, tel est le besoin primordial des différentes régions de notre colonie, et nous pouvons considérer comme d'intérêts communs celles qui sont desservies par le même port.

Partant de ce principe, nous voyons que l'Algérie peut se diviser en neuf principales régions, savoir :

1º *La vallée de la Seybouse,* avec Tébessa, Guelma, Souk-Ahras et Aïn-Mokra, dont Bône est le débouché ;

2º *Le bassin du Saf-Saf et celui du Roummel supérieur,* avec Constantine, Batna, Biskra et Jemmapes, dont le port est Philippeville ;

3º *Le bassin du Sahel,* avec Sétif, Bordj, Bou-Saâda, Aumale, dont le port est Bougie ;

4º *La Mitidja et le Haut-Chélif,* avec Blidah, Médéa, Boghar, Laghouat, dont le port est Alger ;

5º *Le Moyen-Chélif,* avec Affreville, Téniet et Orléansville, dont le port est Ténès ;

6º *Le Bas-Chélif et le bassin de la Mina,* avec Relizane et Tiaret, dont le port est Mostaganem ;

7º *La vallée de l'Habra,* avec Mascara et Saïda, dont le port est Arzew ;

8º *La Mekerra el la Sebkha,* avec Sidi-bel-Abbès et Daya, dont le port est Oran ;

9º *La vallée de la Tafna,* avec Tlemcen et Sebdou, dont le port est à créer.

A ces neuf grandes ou moyennes régions, qu'on peut en quelque sorte appeler de transit, nous pourrions ajouter celles moins importantes et secondaires qui sont desservies par les ports de La Calle, Gigelli, Dellys, Cherchell et Nemours.

Il n'est personne qui n'ait été frappé de l'immense étendue de nos trois départements algériens. Ainsi sans compter les Hauts-Plateaux ni le Sahara, régions plus fécondes en ressources commerciales qu'on ne le croit généralement (1), le département

---

(1) Ce sont les Hauts-Plateaux qui produisent l'alfa et nous ont déjà valu ces lignes ferrées qui, pénétrant dans le sud, assurent la prospérité du pays sans que l'Etat ait à débourser un centime.

de Constantine a une étendue de plus de 75,000 kilomètres carrés, — plus que la Hollande et la Belgique réunies, qui, sous Napoléon Ier, formaient seize départements français, — ceux d'Alger et d'Oran ont, en moyenne, près de 40,000 kilomètres carrés. Chacun de ces départements se trouve par là même comprendre des régions d'intérêts tout à fait opposés, et il arrive souvent que les plus riches et les plus fécondes à populations indigènes importantes, payant de nombreux impôts, se voient sacrifiées à d'autres mieux colonisées et mieux représentées au sein des conseils élus.

Ainsi, dans le département d'Alger, la seule Mitidja se trouve avoir 16 représentants sur les 26 conseillers élus qui composent notre assemblée départementale, et la région du moyen Chélif, qui forme presque la moitié de notre département, qui en grande partie en alimente le budget, budget formé principalement de l'impôt arabe, n'en compte que quatre. Encore si l'administration qui nomme les assesseurs musulmans avait cherché à atténuer une si choquante inégalité, pas du tout : sur six assesseurs, cinq sont d'Alger ou des environs, un de la région du Chélif.

Naturellement, les conséquences d'une pareille organisation sont désastreuses pour les régions peu colonisées. Un seul exemple va nous édifier : sur onze routes départementales, la Mitidja en compte sept, le Chélif trois, la Kabylie une ; sur onze chemins vicinaux, la Mitidja en compte sept, le Chélif deux, la Kabylie deux. Le Chélif est, par rapport à la Mitidja, « dans la position où tomberait le département de l'Hérault, si on lui enlevait toutes ses ressources financières pour en doter le département limitrophe du Gard : évidemment, le département de l'Hérault périrait. » (*Situation de l'Algérie,* par

F. Leblanc de Prébois, ancien chef d'escadron d'é-
tat-major.)

Le remède à un pareil état de choses est bien
simple : appliquer l'axiome latin *suum cuique* et
faire, autant que possible, un département de chaque région à intérêts distincts : dès lors nulle ne
verra ses ressources servir à doter ses voisines. On
pourrait dès aujourd'hui, former en Algérie les sept
départements suivants :

1º *Le département de la Seybouse*, comprenant les
arrondissements actuels de Bône et de Guelma, avec
une population de 92,544 habitants dont 35,904
Français et Européens ;

2º *Le département du Roummel*, comprenant les
arrondissements actuels de Constantine et de Philippeville, avec une population de 232,844 habitants
dont 52,274 Français et Européens ;

3º *Le département du Sahel*, comprenant les arrondissements actuels de Sétif et de Bougie ainsi que
les régions d'Aumale-Bouhira et de Bou-Saâda, avec
89,326 habitants dont 14,843 Français et Européens,
non compris la population d'Aumale-Bouhira et
Bou-Saâda ;

4º *Le département de la Mitidja* comprenant les
arrondissements actuels d'Alger et de Tizi-Ouzou,
avec 404,558 habitants dont 129,196 Français et
Européens (1) ;

5º *Le département du Chélif*, comprenant les arrondissements actuels de Miliana et d'Orléansville, ainsi
que la région de Cherchell, avec une population de
80,780 habitants dont plus de 15,000 Français et Européens sans compter la région de Cherchell ;

6º *Le département du Chélif-Inférieur*, comprenant

(1) Il faudrait en déduire la population des régions d'Aumale et de Bou-Saâda, cédées au département du Sahel, et
celle de la région de Cherchell, cédée à celui du Chélif.

les arrondissements actuels de Mostaganem et de Mascara, ainsi que la région d'Arzeu, avec une population de 175,294 habitants dont plus de 26,000 Français et Européens non compris la région d'Arzeu ;

7° *Le département de la Sebkha*, comprenant les arrondissements actuels d'Oran, de Sidi-bel-Abbès et de Tlemcen, avec 243,883 habitants, dont 111,060 Français et Européens (1).

Des ces départements, trois, la Seybouse, le Sahel et le Chélif, seraient moins peuplés que le département métropolitain des Hautes-Alpes, qui a 122,000 habitants, et le plus faible, celui du Chélif, lui semble inférieur de 32,000 habitants ; mais il faut remarquer que les chiffres que nous avons donnés sont ceux du territoire civil, qu'il faut y ajouter, indépendamment de régions voisines cédées aux plus faibles par les départements limitrophes, la population des territoires militaires et qu'ils doivent ainsi avoir une population égale ou supérieure au moins au tiers des départements de la métropole. D'ailleurs l'Algérie compte 2,867,779 habitants, ce qui, pour sept départements, donne une moyenne de plus de 400,000 âmes, moyenne des départemets de la métropole.

Quant à l'étendue de ces nouveaux départements, elle serait pour la plupart, dans le Tell seulement, de trois ou quatre départements français.

Représentation algérienne au Sénat et à la Chambre des députés

L'Algérie, pour une population de 200,000 Français ou naturalisés environ, a trois sénateurs.

(1) A déduire la région d'Arzeu, cédée au département du Chélif-Inférieur.

C'est donc la même proportion à peu près que dans le département des Hautes-Alpes, qui a deux séna-teurs pour 122,000 habitants, mais l'égalité de trai-tement n'est qu'apparente. En effet, en France on tient compte de la population en général et non pas seulement de celle qui jouit des droits poli-tiques, ainsi le département du Nord voit sa repré-sentation notablement augmentée par les 300,000 étrangers qui y résident et c'est de toute justice, les différentes parties de la France devant être représentées au sein de nos Chambres politiques, proportionnellement à leur importance. autant que possible, c'est-à-dire aux intérêts qu'el-les représentent. Il est évident que le chiffre de la population, qu'elle soit formée ou non des citoyens, donne tant bien que mal une idée approximative de l'importance de la région.

Je ne demanderai pas qu'en Algérie on fasse en-trer les Arabes en ligne de compte, ce qui serait pourtant moins injuste que de ne pas les compter du tout, car enfin si un Arabe produit moins qu'un Européen, il produit cependant quelque chose, je demanderai seulement qu'on accorde à l'Algérie une représentation proportionnelle à sa population française ou européenne.

Si donc on adoptait la division proposée ci-dessus pour l'Algérie et qu'on lui accordât un sénateur par département dont la population française ou européenne serait inférieure à 100,000 habitants et deux à ceux qui en auraient une supérieure à ce chiffre, nous voyons que pour une population fran-çaise ou européenne de 350,000 âmes, l'Algérie aurait momentanément de 7 à 9 sénateurs — les départements de la Mitidja et de la Sebkha ayant peut-être droit à deux sénateurs — ou un sénateur par 50,000 habitants européens, proportion peu in-

férieure à celle des Hautes-Alpes, où il y a un sénateur par 60,000 âmes. Serait-ce franchement une
faveur faite à l'Algérie, alors qu'outre la population
européenne ci-dessus, elle compte deux millions et
demi d'indigènes musulmans payant les impôts généraux et soumis bientôt probablement au service
militaire, impôt que ne payent point les 300,000
Belges du département du Nord?

En France, il y a un député par arrondissement;
en Algérie, un par département; en France, quand
une circonscription a plus de 100,000 habitants
français ou européens, elle a droit à deux députés;
en Algérie, les circonscriptions d'Alger et d'Oran
ont plus de 120,000 Français et Européens et un
seul représentant; en France, le département des
Basses-Alpes a cinq députés pour 143,000 habitants,
soit un par 28,000 âmes; en Algérie, le département
d'Alger n'a qu'un représentant pour une population
française de 76,000 âmes, sans compter 48,000
étrangers, et l'Algérie entière, qui compte 200,000
Français, 150,000 Européens et 2,500,000 indigènes,
a trois représentants en tout, soit un par 66,000
Français, un par 116,000 Français et Européens, un
par 900,000 habitants. Eh! quoi, l'Algérie aux populations si diverses, aux intérêts différents souvent
de ceux de la métropole, aux questions nombreuses,
ardues, compliquées, en faveur de qui on devrait
plutôt se montrer large dans la représentation au
sein de nos Chambres, n'a que trois représentants
pour défendre ses intérêts multiples, pour faire
connaître ses besoins nombreux à sa mère qui
l'ignore! et se voit accorder un représentant par
66,000 Français, alors qu'on en donne un par
28,000 au département des Basses-Alpes, dont les
intérêts généraux se trouvent déjà défendus par
cinquante ou soixante autres représentants du

bassin inférieur du Rhône! lequel compte tout au plus 3 ou 4 millions d'habitants, et l'Algérie n'aura que trois députés pour un chiffre d'habitants presque aussi élevé !

Il serait temps de mettre fin à une pareille iniquité : c'est justice que nous demandons pour l'Algérie et, pour les députés comme pour les sénateurs, qu'on ne tienne pas compte si l'on veut des Arabes, mais qu'au moins on ne passe pas l'éponge sur les Européens, qu'on en tienne compte comme en France et qu'on donne à l'Algérie, comme à la métropole, un député par arrondissement, un par chaque 100,000 ou fraction de 100,000 âmes européennes.

Enfin, si l'on hésite à donner un député par exemple à l'arrondissement de Tizi-Ouzou, qui a 141,215 habitants et seulement 1,200 électeurs, qu'on exige si l'on veut 2,000 électeurs au minimum par circonscription et que tout arrondissement qui aura moins de 2,000 électeurs soit réuni à un arrondissement voisin.

Ces principes étant fixés, l'Algérie se trouverait divisée en dix circonscriptions électorales :

1º Département de la Seybouse. — Arrondissements de Bône et de Guelma : plus de 3,800 électeurs ;

2º Département du Roummel, 1re circonscription. — Arrondissement de Constantine : 4,692 électeurs ;

3º Département du Roummel, 2º circonscription. —Arrondissement de Philippeville : 2,420 électeurs ;

4º Département du Sahel. — Arrondissement de Bougie, de Sétif, région d'Aumale et de Bou-Saàda : environ 2,500 électeurs ;

5º Département de la Mitidja, 1re circonscription. — Alger et banlieue : environ 6,000 électeurs ;

6º Département de la Mitidja, 2º circonscription. — Le reste de l'arrondissement d'Alger et l'arrondissement de Tizi-Ouzou : environ 8,000 électeurs ;

7° Département du Chélif. — Arrondissements d'Orléansville, de Miliana et région de Cherchell : environ 2,500 électeurs ;

8° Département du Chélif-Inférieur. — Arrondissement de Mostaganem, de Mascara et région d'Arzeu : près de 4,000 électeurs ;

9° Département de la Sebkha, 1re circonscription. — Arrondissement d'Oran : plus de 5,000 électeurs ;

10° Département de la Sebkha, 2e circonscription. — Arrondissement de Tlemcen et de Bel-Abbès : 2,900 et quelques électeurs.

Soit un député par 35,000 habitants européens (proportion plus élevée que dans les Basses-Alpes, où il y a un député par 28,000 habitants) et un pour une moyenne de près de 4,500 électeurs (ce qui doit être à peu près la moyenne des Basses-Alpes), l'Algérie comptant, en 1876, 44,319 électeurs français.

Résumé des réformes à apporter en Algérie

Afin de justifier les réformes que nous croyions devoir proposer, nous avons été forcé d'entrer dans de longs détails, les questions algériennes étant malheureusement très-peu connues en France. Il n'est peut-être pas inutile de résumer ici les propositions que nous avons formulées et dont nous croyons avoir démontré la nécessité dans l'intérêt de la France et de l'Algérie.

Nous sommes loin de prétendre avoir épuisé ce vaste sujet des réformes à apporter dans notre colonie ; nous avons seulement essayé de contribuer, dans la mesure de nos forces, à jeter un peu de lumière sur ces questions si complexes ; trop heureux si nous avons réussi ; trop heureux également si tous ceux qu'anime l'amour de ce beau pays venaient, comme nous, apporter leur modeste pierre à l'œuvre pleine de promesses que nous édifions en Algérie et répondaient à l'appel qu'à la voix d'un grand citoyen, une Commission puissante et bienveillante envers l'Algérie, chose trop rare malheureusement, vient d'adresser à tous ceux qui aiment et connaissent notre belle colonie.

Colonisation. — Continuer le peuplement par villages agricoles et concessions gratuites ; remplacer la condition de résidence personnelle par une interdiction temporaire de vente aux indigènes ou aux étrangers des terres concédées par l'Etat ; charger les commissions départementales de la cession et de l'éviction des terres concédées aux familles algériennes ; hâter l'organisation de la propriété individuelle chez les indigènes.

Étrangers. — Les amener à la naturalisation ; leur enlever leurs conseillers municipaux.

Indigènes. — Interdire les naturalisations individuelles des indigènes, sauf à titre d'exception ; les naturaliser en masse, par communes, au fur et à mesure des progrès du peuplement français ; les soumettre à la conscription ; faire nommer à l'élection les conseillers généraux indigènes (1) ; rendre l'instruction obligatoire (elle est déjà gratuite) en territoire civil, avec les ménagements que comporte le peu de densité de la population ; établir

(1) Actuellement, ils sont nommés par l'administration qu'ils doivent contrôler. C'est là une scandaleuse violation de tous les principes, violation qui permet à l'administration de falsifier et de corrompre la volonté de nos conseils élus, grâce à ces assesseurs, représentants prétendus des indigènes et qui ne représentent que le pouvoir qui les nomme.

quelque contrôle dans la répartition et la perception des impôts indigènes.

Administration et représentation politique. — Diviser l'Algérie en sept départements ; réduire autant que possible les attributions du gouvernement général (1); augmenter la représentation algérienne au sein des Chambres françaises ; établir l'impôt foncier afin de permettre aux départements et aux communes d'équilibrer leurs budgets grâce aux centimes additionnels, le principal restant momentanément fictif ou ne se prélevant qu'avec prudence : les terres concédées devraient être exemptes de l'impôt foncier tant qu'elles auraient à subir des clauses restrictives.

Reproches adressés à la colonisation de l'Algérie

Les reproches adressés à l'œuvre de progrès et de civilisation que nous avons entreprise en Algérie, sont trop nombreux pour que nous puissions nous occuper de tous. Les uns partent de gens superficiels aimant à critiquer à tort et à travers, simplement pour faire étalage d'esprit et la plupart du temps sans avoir étudié les questions qu'ils traitent à la légère ; les autres sont formulés par des gens trop intéressés à dénigrer la colonisation algérienne pour qu'ils puissent nous offrir des garanties d'impartialité ; tous ces reproches en général sont basés sur des sophismes spécieux dont il serait facile de démontrer l'inanité.

(1) C'est là un vœu formulé depuis longtemps par l'opinion publique algérienne, vœu qui n'est combattu que par ceux qui vivent des abus cachés a l'ombre de cet engrenage grincheux et vermoulu.

Nous nous contenterons de répondre aux griefs les plus importants, à ceux qui auraient pu séduire le lecteur impartial et bien intentionné, mais souvent trop affairé pour avoir le temps d'aller au fond des choses. Nous essayerons en quelques mots de faire toucher à tous l'injustice des reproches adressés à l'Algérie.

On a d'abord mis en question la légitimité de notre conquête ; on nous a représentés comme les oppresseurs de la nationalité arabe ; examinons ce premier grief.

Le gouvernement des deys d'Alger, par la piraterie et l'esclavage, s'était mis en dehors du droit commun. En nous emparant de l'Algérie, nous n'étions, comme bien d'autres fois, que les gendarmes de la civilisation ; nous ne faisions que rappeler à l'ordre et réduire à l'impuissance d'incorrigibles bandits ; il n'y eut point en ce pays de nationalité vaincue et opprimée par nous. En effet, nous y trouvions une bande dominant et exploitant le pays, les Turcs ; derrière eux venaient quelques centaines de mille des conquérants de la première heure, les Arabes ; enfin, la masse des indigènes était de rabe berbère et en partie parlait la langue arabe, en partie différents dialectes de même famille, kabyle, chaouïa, etc. Ces masses confuses étaient sans cohésion et vivaient dans la plus complète anarchie. Un seul lien les unissait tant bien que mal, la force, et à ce point de vue nous avons avantageusement remplacé les Turcs. Nous avons donc absolument le droit de dire qu'il n'y a pas ici de nationalité vaincue et opprimée par nous.

Admettons cependant qu'il y eût en Algérie les éléments d'une nationalité, nous avions le droit et le devoir de nous emparer de ce pays. En prenant Alger, nous étions dans le premier des droits natu-

rels, celui de légitime défense ; abandonner cette
ville après ce rude châtiment infligé aux Turcs,
l'histoire prouve que c'était leur permettre de recommencer leurs insultes et leurs brigandages tout
comme précédemment ; nous contenter des ports,
c'était nous imposer de lourdes charges d'occupation sans aucun bénéfice pour nous ; nous avions
donc le droit de nous soumettre les peuplades qui
se voyaient impuissantes à empêcher leurs côtes de
devenir des nids de pirates, qui sympathisaient
avec ces bandits et bien plus par leurs attaques
continuelles nous mirent elles-mêmes dans la nécessité de conquérir l'intérieur : ou soumettre ce
pays, ou souffrir les insultes et les brigandages de
ses habitants, telle était la question.

Étant donné qu'il fallait conquérir l'Algérie, de-
vions-nous, dans le simple intérêt de l'humanité,
immobiliser ici des forces considérables dont nous
pouvions avoir besoin pour défendre nos propres
foyers ? Évidemment non. Il nous fallut donc songer
à y implanter le plus rapidement possible une population coloniale assez forte pour imposer respect
aux peuplades indigènes. Et cependant bien que la
conquête de l'Algérie, s'il y eut conquête au sens
complet et ordinaire du mot, fût la plus légitime
qu'il y ait jamais eu, bien que la colonisation fût de
salut public, nous avons presque toujours traité les
indigènes sur le pied d'égalité et nous nous sommes
montrés parfois si bénins que les vainqueurs, les
oppresseurs, en furent réduits à envier le sort des
vaincus !

Nous avons absolument respecté les croyances et
les mœurs des indigènes ; comme nous, depuis
longtemps, ils sont admissibles aux emplois pu-
blics ; devant les tribunaux, nulle différence entre
eux et nous ; si les Français sont exempts de l'im-

pôt foncier, l'octroi de mer, les taxes locatives,
pèsent presque exclusivement sur eux ; d'ailleurs,
sauf ceux nés en Algérie, et ce cas n'était que l'exception sous l'Empire, eux seuls payaient ou de-
vaient payer le plus lourd des impôts : celui du
sang. Avant 1870, ils n'avaient pas de droits politiques (1) et si depuis ils leur ont été accordés, tous
ont été soumis au service militaire dont sont toujours exempts les indigènes. Enfin, y eût-il réellement privilége en notre faveur, les indigènes seraient mal venus de crier à l'injustice puisque le
sénatus-consulte de 1863 les a déclarés Français,
leur laissant la faculté de déclarer eux-mêmes
quand ils voudraient jouir des prérogatives et se
soumettre aux charges attachées au titre de citoyen.
Voilà comment nous sommes oppresseurs.

Il est vrai qu'en territoire militaire, les indigènes
sont passibles des conseils de guerre et soumis à un
régime d'exception ; mais là encore nous n'avons
fait que maintenir ce qui était avant nous ; d'ailleurs il a toujours été entendu que le régime militaire n'était que provisoire et disparaîtrait avec les
besoins de la conquête et tout le monde sait que ce
ne sont pas les colons français qui en demandent le
maintien, on prétend même que ce sont les indigènes ; c'est à l'État, qui a la responsabilité du
maintien de l'ordre public en ce pays, à voir quand
tous ceux qui le peuplent lui offriront assez de garanties pour supprimer tout régime d'exception.

---

(1) Quel intérêt l'indigène aurait-il pu avoir à se faire naturaliser sous l'Empire? En devenant Français, il voyait ac-
croître ses charges, cesser ses priviléges et n'obtenait en
échange qu'un vain titre sans droits effectifs. Les naturalisations n'ont commencé à se dessiner que depuis la République, le titre de citoyen signifiant quelque chose aujour-
d'hui : qu'elle oppression! que la seule volonté de l'opprimé
suffit à faire cesser!

En résumé, la conquête de l'Algérie fut légitime et nécessaire; en territoire militaire, nous n'avons fait que maintenir le passé; en territoire civil, les musulmans sont traités sur le même pied que nous et s'il y a quelque privilége pour les citoyens français, il dépend des indigènes d'en jouir, en déclarant vouloir en supporter les charges; il serait facile de démontrer que ces prérogatives sont amplement compensées par les devoirs qu'elles entraînent; enfin, si les Français d'Afrique ne sont pas, comme leurs frères d'Europe, soumis à l'impôt foncier, ce privilége cesera bientôt; le maintien s'en comprendrait, d'ailleurs, par les charges que leur impose la garde de cette portion du territoire national: le colon est ici une véritable sentinelle avancée de la Mère-Patrie.

On a accusé notre colonie d'être une cause de ruine pour la métropole, ce qu'on a résumé en disant : *l'Algérie est le boulet de la France.*

Certes la conquête de l'Algérie a été longue et pénible; nous ne voulons point récriminer; nous n'essayerons pas d'examiner s'il n'était point possible d'arriver au même résultat plus vite et avec moins de sacrifices; nous admettrons qu'on ne put mieux faire et nous dirons seulement qu'il serait à souhaiter que les guerres du Mexique et autres folies royales ou impériales ne nous eussent coûté ni plus d'hommes ni plus d'argent et que toutes eussent tant soit peu augmenté le territoire national.

La conquête terminée, que voyons-nous ? L'Algérie subvient elle-même à ses dépenses; elle supporte et paye elle-même toutes les folies de ses gouvernants; elle rétribue de ses propres deniers le luxueux état-major administratif dont on l'accable, voilà la vérité.

L'Algérie, par ses impôts, ne contribue pas aux

charges militaires, il est vrai, mais les 70,000 hommes qui s'y trouvent ne sont-ils pas à la disposition de la Mère-Patrie tout comme s'ils résidaient en France? Que nous soyons menacés et en quelques jours ils seront sur nos frontières (1). Voilà pour les sacrifices, voyons les bénéfices.

Nous voyons que de 1855 à 1860, la moyenne des échanges entre la France et l'Algérie a été de 145 millions, de 1861 à 1865 de 220 millions dont 160 pour l'importation de France en Algérie et seulement 60 pour l'importation algérienne. Soit un excédant de 100 millions pour la métropole. Ainsi, dès cette époque, les différentes industries françaises trouvaient à écouler pour 160 millions de produits dans notre colonie, grâce aux droits qui les protégent, grâce à la faveur spéciale que, sur nos marchés, leur donne notre parité de mœurs, de langage et d'origine. Dès cette époque, la conquête de l'Algérie avait ouvert un débouché comparable à celui de l'Espagne et de l'Allemagne à notre commerce et à nos différentes industries.

Pour donner une juste idée de la faveur que trouve le commerce français sur nos marchés, il nous suffira de dire que sur un mouvement commercial de 240 millions, moyenne quinquennale de 1860 à 1865, la France figurait pour 220 millions !

Il serait à souhaiter que la France eut plusieurs *boulets* comme l'Algérie ; elle pourrait défier toute

(1) Je suis fermement convaincu que si l'armée territoriale algérienne était organisée, elle suffirait pour calmer toute velléité d'insurrection indigène. La population servant à recruter cette armée s'élève à trois cent mille âmes dont cent mille Espagnols et Suisses. En appliquant la même proportion qu'en France, on voit que les milices algériennes pourraient mobiliser de vingt-cinq à trente mille hommes. N'est-ce pas suffisant contre les bandes indisciplinées et mal armées des Arabes qui, même avec Abd-el-Kader, n'ont jamais pu mettre en ligne un effectif semblable ?

concurrence dans l'ordre commercial et industriel comme dans l'ordre politique et littéraire.

Le mouvement commercial de l'Algérie a été de 336 millions en 1875, et il est probable que la métropole y est toujours exceptionnellement favorisée (1). Tout fait prévoir que dans dix ans ce mouvement atteindra un *demi-milliard,* dit M. le Gouverneur dans son exposé de la situation de l'Algérie en 1876. Un demi-milliard ! C'est là un marché qui n'est pas à dédaigner, surtout quand les industries étrangères se trouvent dans des conditions de lutte très-difficiles avec les nôtres. Franchement, ne sommes-nous pas déjà payés de nos sacrifices, si l'on songe que sans la conquête, au lieu de centaines de millions, c'est quelques millions à peine que nous trouverions à écouler ici comme au Maroc et en Tunisie. Voilà pour le présent. Un coup d'œil sur l'avenir.

La population européenne en Algérie double tous les quinze ans; elle était de 311,000 en 1876, elle dépassera 600,000 en 1890 et atteindra le million à la fin du siècle. Si 300,000 Européens ont pu déjà développer à ce point nos relations commerciales et faire passer les échanges de 125 millions en 1844 à 336 millions en 1875, quel développement prendront ces échanges le jour où les Européens seront quatre ou cinq fois plus nombreux, où les indigènes seront en majorité assimilés, où ce pays sera couvert de routes et de chemins de fer, où ses ports seront achevés ! Quel accroissement de nos forces vives, politiques et économiques, le jour où nous aurons peuplé, travaillé, assimilé ce riche pays qui augmentera d'un tiers le sol et la population de notre patrie. Reprocher à la France les dépenses

(1) Je n'ai malheureusement pas de détails statistiques à ce sujet.

qu'elle a faites ou qu'elle pourra faire en Algérie serait aussi sensé que de critiquer l'Etat lorqu'il em-
ploie en grande partie les capitaux des centres indus-
triels à améliorer la viabilité des provinces pauvres
et éloignées : ce ne sont pas ces dernières qui pro-
fitent le plus de ces travaux, qu'on le sache bien.
De même, faites des routes et des chemins de fer,
créez des ports, élevez des villages en Algérie et
soyez sûrs que la métropole y gagnera autant que
sa fille. Mais que dire des aveugles qui crient au
gaspillage quand c'est avec l'argent de la colonie
que l'on fait ces travaux ?

Une note pour terminer et faire juger la bonne
foi des adversaires des colons. M. Leblanc de Prébois, dans une brochure où se trouvent quelques
idées justes, avance que dans cette population européenne, dont les chiffres précédents nous montrent l'activité, les deux tiers forment une population flottante sans aucune attache à la colonie,
vulgo armée roulante ! les deux tiers sont des vagabonds paresseux sans feu ni lieu ! Cette armée roulante dirige, dit-il, l'opinion, la presse, etc. Eh !
bien, sur 190,000 Français, il y a en Algérie 44,319
électeurs politiques ayant au moins six mois de
domicile au moment de la confection des listes et
41,000 électeurs municipaux ayant deux ans de domicile, la différence entre les électeurs politiques
et les électeurs municipaux (1) est moins forte que
dans nos grandes villes françaises, voilà une population bien flottante !

(1) Cette différence devrait être diminuée de tous les électeurs politiques des communes mixtes et des territoires militaires qui, n'ayant point de conseils communaux élus, ne
sont pas électeurs municipaux, bien qu'ils ne soient ni men-
diants ni vagabonds.

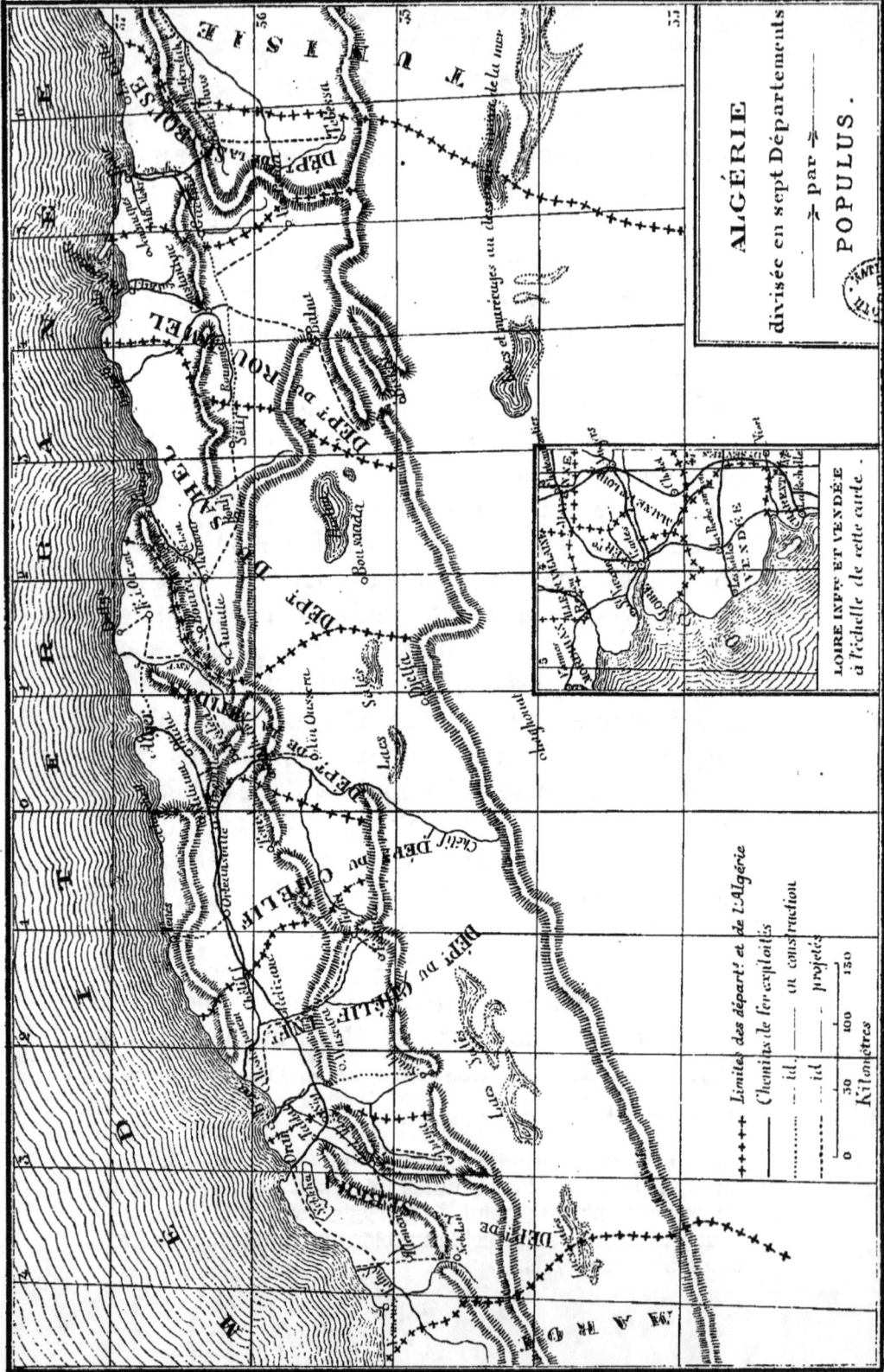

Limites des départ.¹ et de l'Algérie
Chemins de fer exploités
id. en construction
id. projetés
Kilomètres
0   50   100   150

LOIRE INF.ᵉ ET VENDÉE
à l'échelle de cette carte.

Imprimerie V. PÉZÉ & Cie, rue de la Casbah, 4, Alger

www.ingramcontent.com/pod-product-compliance
Lightning Source LLC
LaVergne TN
LVHW022148080426
835511LV00008B/1329